Il mio libro illustrato bilingue

Mein zweisprachiges Bilderbuch

Le più belle storie per bambini di Sefa in un unico volume

Ulrich Renz • Barbara Brinkmann:

Dormi bene, piccolo lupo · Schlaf gut, kleiner Wolf

Per bambini dai 2 anni in su

Cornelia Haas • Ulrich Renz:

Il mio più bel sogno · Mein allerschönster Traum

Per bambini dai 2 anni in su

Ulrich Renz • Marc Robitzky:

I cigni selvatici · Die wilden Schwäne

Tratto da una fiaba di Hans Christian Andersen

Per bambini dai 5 anni in su

© 2024 by Sefa Verlag Kirsten Bödeker, Lübeck, Germany. www.sefa-verlag.de

Special thanks to Paul Bödeker, Freiburg, Germany

All rights reserved.

ISBN: 9783756304981

Leggere · ascoltare · capire

Dormi bene, piccolo lupo
Schlaf gut, kleiner Wolf

Ulrich Renz / Barbara Brinkmann

italiano — bilingue — tedesco

Traduzione:

Margherita Haase (italiano)

Audiolibro e video:

www.sefa-bilingual.com/bonus

Accesso gratuito con la password:

italiano: **LWIT1829**

tedesco: **LWDE1314**

Buona notte, Tim! Domani continuiamo a cercare.
Adesso però dormi bene!

Gute Nacht, Tim! Wir suchen morgen weiter.
Jetzt schlaf schön!

Fuori è già buio.

Draußen ist es schon dunkel.

Ma cosa fa Tim?

Was macht Tim denn da?

Va al parco giochi.

Che cosa sta cercando?

Er geht raus, zum Spielplatz.

Was sucht er da?

Il piccolo lupo.

Senza di lui non riesce a dormire.

Den kleinen Wolf!

Ohne den kann er nicht schlafen.

Ma chi sta arrivando?

Wer kommt denn da?

Marie! Lei sta cercando la sua palla.

Marie! Die sucht ihren Ball.

E Tobi cosa cerca?

Und was sucht Tobi?

La sua ruspa.

Seinen Bagger.

E cosa cerca Nala?

Und was sucht Nala?

La sua bambola.

Ihre Puppe.

Ma i bambini non devono andare a letto?
Il gatto si meraviglia.

Müssen die Kinder nicht ins Bett?
Die Katze wundert sich sehr.

E adesso chi sta arrivando?

Wer kommt denn jetzt?

La mamma e il papà di Tim.
Senza il loro Tim non riescono a dormire.

Die Mama und der Papa von Tim!
Ohne ihren Tim können sie nicht schlafen.

Ed ecco che arrivano anche altri!

Il papà di Marie. Il nonno di Tobi. E la mamma di Nala.

Und da kommen noch mehr! Der Papa von Marie.
Der Opa von Tobi. Und die Mama von Nala.

Ma adesso svelti a letto!

Jetzt aber schnell ins Bett!

Buona notte, Tim!
Domani non dobbiamo più cercare.

Gute Nacht, Tim!
Morgen müssen wir nicht mehr suchen.

Dormi bene, piccolo lupo!

Schlaf gut, kleiner Wolf!

Cornelia Haas • Ulrich Renz

Il mio più bel sogno

Mein allerschönster Traum

Traduzione:

Clara Galeati (italiano)

Audiolibro e video:

www.sefa-bilingual.com/bonus

Accesso gratuito con la password:

italiano: **BDIT1829**

tedesco: **BDDE1314**

Il mio più bel sogno
Mein allerschönster Traum

Cornelia Haas · Ulrich Renz

italiano — bilingue — tedesco

Lulù non riesce ad addormentarsi. Tutti gli altri stanno già sognando – lo squalo, l'elefante, il topolino, il drago, il canguro, il cavaliere, la scimmia, il pilota. E il leoncino. Anche all'orso stanno crollando gli occhi …

Ehi orso, mi porti con te nel tuo sogno?

Lulu kann nicht einschlafen. Alle anderen träumen schon – der Haifisch, der Elefant, die kleine Maus, der Drache, das Känguru, der Ritter, der Affe, der Pilot. Und der Babylöwe. Auch dem Bären fallen schon fast die Augen zu …

Du Bär, nimmst du mich mit in deinen Traum?

E così Lulù è già nel paese dei sogni degli orsi. L'orso cattura pesci nel lago Tagayumi. E Lulù si chiede chi potrebbe mai vivere là su quegli alberi? Quando il sogno è finito, Lulù vuole provare qualcos'altro. Vieni, andiamo a trovare lo squalo! Che cosa starà sognando?

Und schon ist Lulu im Bären-Traumland. Der Bär fängt Fische im Tagayumi See. Und Lulu wundert sich, wer wohl da oben in den Bäumen wohnt?
Als der Traum zu Ende ist, will Lulu noch mehr erleben. Komm mit, wir besuchen den Haifisch! Was der wohl träumt?

Lo squalo sta giocando ad acchiapparella con i pesci. Finalmente ha degli amici! Nessuno ha paura dei suoi denti aguzzi.
Quando il sogno è finito, Lulù vuole provare qualcos'altro. Venite, andiamo a trovare l'elefante! Che cosa starà sognando?

Der Haifisch spielt Fangen mit den Fischen. Endlich hat er Freunde! Keiner hat Angst vor seinen spitzen Zähnen.

Als der Traum zu Ende ist, will Lulu noch mehr erleben. Kommt mit, wir besuchen den Elefanten! Was der wohl träumt?

L'elefante è leggero come una piuma e può volare! Sta per atterrare sul prato celeste.

Quando il sogno è finito, Lulù vuole provare qualcos'altro. Venite, andiamo a trovare il topolino! Che cosa starà sognando?

Der Elefant ist so leicht wie eine Feder und kann fliegen! Gleich landet er auf der Himmelswiese.
Als der Traum zu Ende ist, will Lulu noch mehr erleben. Kommt mit, wir besuchen die kleine Maus! Was die wohl träumt?

Il topolino sta guardando la fiera. Gli piacciono particolarmente le montagne russe.

Quando il sogno è finito, Lulù vuole provare qualcos'altro. Venite, andiamo a trovare il drago! Che cosa starà sognando?

Die kleine Maus schaut sich den Rummel an. Am besten gefällt ihr die Achterbahn.
Als der Traum zu Ende ist, will Lulu noch mehr erleben. Kommt mit, wir besuchen den Drachen! Was der wohl träumt?

Il drago, a furia di sputare fuoco, ha sete. Gli piacerebbe bersi l'intero lago di limonata.

Quando il sogno è finito, Lulù vuole provare qualcos'altro. Venite, andiamo a trovare il canguro! Che cosa starà sognando?

Der Drache hat Durst vom Feuerspucken. Am liebsten will er den ganzen Limonadensee austrinken.

Als der Traum zu Ende ist, will Lulu noch mehr erleben. Kommt mit, wir besuchen das Känguru! Was das wohl träumt?

Il canguro sta saltando nella fabbrica di dolciumi e si riempe il marsupio.
Ancora caramelle blu! E ancora lecca-lecca! E cioccolata!
Quando il sogno è finito, Lulù vuole provare qualcos'altro. Venite, andiamo a trovare il cavaliere! Che cosa starà sognando?

Das Känguru hüpft durch die Süßigkeitenfabrik und stopft sich den Beutel voll. Noch mehr von den blauen Bonbons! Und mehr Lollis! Und Schokolade!
Als der Traum zu Ende ist, will Lulu noch mehr erleben. Kommt mit, wir besuchen den Ritter! Was der wohl träumt?

Il cavaliere sta facendo una battaglia di torte con la principessa dei suoi sogni. Oh! La torta alla panna va nella direzione sbagliata!
Quando il sogno è finito, Lulù vuole provare qualcos'altro. Venite, andiamo a trovare la scimmia! Che cosa starà sognando?

Der Ritter macht eine Tortenschlacht mit seiner Traumprinzessin. Oh! Die Sahnetorte geht daneben!
Als der Traum zu Ende ist, will Lulu noch mehr erleben. Kommt mit, wir besuchen den Affen! Was der wohl träumt?

Finalmente ha nevicato in Scimmialandia! L'intera combriccola di scimmie non sta più nella pelle e si comportano tutte come in una gabbia di matti. Quando il sogno è finito, Lulù vuole provare qualcos'altro. Venite, andiamo a trovare il pilota! In che sogno potrebbe essere atterrato?

Endlich hat es einmal geschneit im Affenland! Die ganze Affenbande ist aus dem Häuschen und macht Affentheater.

Als der Traum zu Ende ist, will Lulu noch mehr erleben. Kommt mit, wir besuchen den Piloten! In welchem Traum der wohl gelandet ist?

Il pilota vola e vola ancora. Fino ai confini della terra e ancora più lontano, fino alle stelle. Non ce l'ha fatta nessun altro pilota.
Quando il sogno è finito, sono già tutti molto stanchi e non vogliono più continuare a provare così tanto. Però il leoncino, vogliono ancora andare a trovarlo. Che cosa starà sognando?

Der Pilot fliegt und fliegt. Bis ans Ende der Welt und noch weiter bis zu den Sternen. Das hat noch kein anderer Pilot geschafft.
Als der Traum zu Ende ist, sind alle schon sehr müde und wollen nicht mehr so viel erleben. Aber den Babylöwen wollen sie noch besuchen. Was der wohl träumt?

Il leoncino ha nostalgia di casa e vuole tornare nel caldo, accogliente letto.
E gli altri pure.

E là inizia ...

Der Babylöwe hat Heimweh und will zurück ins warme, kuschelige Bett.
Und die anderen auch.

Und da beginnt ...

... il più bel sogno
di Lulù.

... Lulus
allerschönster Traum.

Ulrich Renz • Marc Robitzky

I cigni selvatici
Die wilden Schwäne

Traduzione:

Emanuele Cattani, Clara Galeati (italiano)

Audiolibro e video:

www.sefa-bilingual.com/bonus

Accesso gratuito con la password:

italiano: `WSIT1829`

tedesco: `WSDE1314`

Ulrich Renz · Marc Robitzky

I cigni selvatici

Die wilden Schwäne

Tratto da una fiaba di

Hans Christian Andersen

italiano — bilingue — tedesco

C'erano una volta dodici figli di un re – undici fratelli ed una sorella più grande, Elisa. Vivevano felici in un bellissimo castello.

Es waren einmal zwölf Königskinder – elf Brüder und eine große Schwester, Elisa. Sie lebten glücklich in einem wunderschönen Schloss.

Un giorno la madre morì, e poco tempo dopo il re si risposò. La nuova moglie però era una strega cattiva. Con un incantesimo, trasformò gli undici principi in cigni e li mandò molto lontano, in un Paese al di là della grande foresta.

Eines Tages starb die Mutter, und einige Zeit später heiratete der König erneut. Die neue Frau aber war eine böse Hexe. Sie verzauberte die elf Prinzen in Schwäne und schickte sie weit weg in ein fernes Land jenseits des großen Waldes.

Vestì la ragazza di stracci e le spalmò sul volto un orribile unguento, tanto che nemmeno il padre riuscì più a riconoscerla e la cacciò dal castello. Elisa corse nella foresta tenebrosa.

Dem Mädchen zog sie Lumpen an und schmierte ihm eine hässliche Salbe ins Gesicht, so dass selbst der eigene Vater es nicht mehr erkannte und aus dem Schloss jagte. Elisa rannte in den dunklen Wald hinein.

Ora era completamente sola, e desiderava con tutto il cuore rivedere i suoi fratelli scomparsi. Quando venne la sera, si fece un letto di muschio sotto un albero.

Jetzt war sie ganz allein und sehnte sich aus tiefster Seele nach ihren verschwundenen Brüdern. Als es Abend wurde, machte sie sich unter den Bäumen ein Bett aus Moos.

La mattina dopo giunse ad un lago calmo, e rimase sconcertata nel vedere il proprio riflesso nell'acqua. Ma appena si pulì, divenne la più bella principessa sulla faccia della terra.

Am nächsten Morgen kam sie zu einem stillen See und erschrak, als sie darin ihr Spiegelbild sah. Nachdem sie sich aber gewaschen hatte, war sie das schönste Königskind unter der Sonne.

Molti giorni dopo, Elisa raggiunse il grande mare. Tra le onde, oscillavano undici piume di cigno.

Nach vielen Tagen erreichte Elisa das große Meer. Auf den Wellen schaukelten elf Schwanenfedern.

Quando il sole tramontò, ci fu un fruscio nell'aria, e undici cigni si posarono sull'acqua. Elisa riconobbe immediatamente i propri fratelli stregati. Ma dato che parlavano la lingua dei cigni, lei non li poté capire.

Als die Sonne unterging, war ein Rauschen in der Luft, und elf wilde Schwäne landeten auf dem Wasser. Elisa erkannte ihre verzauberten Brüder sofort. Weil sie aber die Schwanensprache sprachen, konnte sie sie nicht verstehen.

Durante il giorno i cigni volavano via, e la notte si accoccolavano tutti assieme alla sorella in una grotta.

Una notte, Elisa fece uno strano sogno. Sua madre le disse come avrebbe potuto liberare i suoi fratelli. Avrebbe dovuto tessere delle camicie di ortiche per ognuno di loro e poi lanciargliele. Fino a quel momento però, non le era concesso dire una sola parola, altrimenti i suoi fratelli sarebbero morti. Elisa si mise immediatamente al lavoro. Sebbene le mani le bruciassero, continuò a tessere senza stancarsi.

Tagsüber flogen die Schwäne fort, nachts kuschelten sich die Geschwister in einer Höhle aneinander.

Eines Nachts hatte Elisa einen sonderbaren Traum: Ihre Mutter sagte ihr, wie sie die Brüder erlösen könne. Aus Brennnesseln solle sie für jeden Schwan ein Hemdchen stricken und es ihm überwerfen. Bis dahin aber dürfe sie kein einziges Wort reden, sonst müssten ihre Brüder sterben. Elisa machte sich sofort an die Arbeit. Obwohl ihre Hände wie Feuer brannten, strickte sie unermüdlich.

Un giorno, si sentirono corni da caccia in lontananza. Un principe venne cavalcando con il suo seguito e presto le fu di fronte. Non appena i due si guardarono negli occhi, si innamorarono.

Eines Tages ertönten in der Ferne Jagdhörner. Ein Prinz kam mit seinem Gefolge angeritten und stand schon bald vor ihr. Als die beiden sich in die Augen schauten, verliebten sie sich ineinander.

Il principe fece salire Elisa sul cavallo e la condusse al proprio castello.

Der Prinz hob Elisa auf sein Pferd und nahm sie mit auf sein Schloss.

Il potente tesoriere fu tutto fuorché felice dell'arrivo della principessa muta. La propria figlia sarebbe dovuta diventare la sposa del principe.

Der mächtige Schatzmeister war über die Ankunft der stummen Schönen alles andere als erfreut. Seine eigene Tochter sollte die Braut des Prinzen werden.

Elisa non si era dimenticata dei suoi fratelli. Ogni sera continuava il suo lavoro sulle camicie. Una notte uscì per andare al cimitero a cogliere delle ortiche fresche. Il tesoriere la osservò di nascosto.

Elisa hatte ihre Brüder nicht vergessen. Jeden Abend arbeitete sie weiter an den Hemdchen. Eines Nachts ging sie hinaus auf den Friedhof, um frische Brennnesseln zu holen. Dabei beobachtete der Schatzmeister sie heimlich.

Non appena il principe partì per una battuta di caccia, il tesoriere gettò Elisa nelle segrete. Affermò che fosse una strega che si incontrava con altre streghe durante la notte.

Sobald der Prinz auf einem Jagdausflug war, ließ der Schatzmeister Elisa in den Kerker werfen. Er behauptete, dass sie eine Hexe sei, die sich nachts mit anderen Hexen treffe.

All'alba, Elisa venne presa da delle guardie, per venir poi bruciata nella piazza del mercato.

Im Morgengrauen wurde Elisa von den Wachen abgeholt. Sie sollte auf dem Marktplatz verbrannt werden.

Non appena fu lì, arrivarono undici cigni bianchi volando. Elisa lanciò rapidamente una camicia a ciascuno di loro. Poco dopo, tutti i suoi fratelli si trovarono dinanzi a lei con sembianze umane. Solo il più piccolo, la cui camicia non era stata del tutto completata, mantenne un'ala al posto di un braccio.

Kaum war sie dort angekommen, als plötzlich elf weiße Schwäne geflogen kamen. Schnell warf Elisa jedem ein Nesselhemdchen über. Bald standen alle ihre Brüder in Menschengestalt vor ihr. Nur der Kleinste, dessen Hemd nicht ganz fertig geworden war, behielt anstelle eines Armes einen Flügel.

I fratelli si stavano ancora baciando e abbracciando quando arrivò il principe. Finalmente Elisa gli poté spiegare tutto. Il principe fece rinchiudere il tesoriere malvagio nelle segrete. Dopodiché, si celebrò il matrimonio per sette giorni.

E vissero tutti felici e contenti.

Das Herzen und Küssen der Geschwister hatte noch kein Ende genommen, als der Prinz zurückkam. Endlich konnte Elisa ihm alles erklären. Der Prinz ließ den bösen Schatzmeister in den Kerker werfen. Und dann wurde sieben Tage lang Hochzeit gefeiert.

Und wenn sie nicht gestorben sind, dann leben sie noch heute.

Hans Christian Andersen

Hans Christian Andersen nacque nella città danese di Odense nel 1805 e morì nel 1875 a Copenaghen. Divenne famoso in tutto il mondo con le sue fiabe letterarie come „La Sirenetta", „I vestiti nuovi dell'imperatore" e „Il brutto anatroccolo". Il racconto in questione, „I cigni selvatici", fu pubblicato per la prima volta nel 1838. È stato tradotto in più di cento lingue e adattato a una vasta gamma di media, tra cui il teatro, il cinema e il musical.

Barbara Brinkmann è nata a Monaco di Baviera (Germania) nel 1969. Ha studiato architettura a Monaco e attualmente lavora alla facoltà di architettura dell'Università Tecnica di Monaco. Lavora anche come grafica, illustratrice e autrice.

Cornelia Haas è nata nel 1972 vicino ad Augusta (Germania). Ha studiato design all'Università di Scienze Applicate di Münster e si è laureata in design. Dal 2001 illustra libri per bambini e ragazzi e dal 2013 insegna pittura acrilica e digitale all'Università di Scienze Applicate di Münster.

Marc Robitzky, nato nel 1973, ha studiato alla Scuola Tecnica d'Arte di Amburgo e all'Accademia di Arti Visive di Francoforte. Lavora come illustratore freelance e designer della comunicazione ad Aschaffenburg (Germania).

Ulrich Renz è nato a Stoccarda nel 1960. Dopo aver studiato letteratura francese a Parigi, ha completato gli studi di medicina a Lubecca e ha lavorato come direttore in una casa editrice scientifica. Oggi Renz è un autore indipendente e scrive libri per bambini e ragazzi oltre a libri di saggistica.

Ti piace disegnare?

Qui puoi trovare tutte le immagini della storia da colorare:

www.sefa-bilingual.com/coloring